Sing A Song Of Germany

Mary Thompson

Illustrated by David Meldrum

Chester Music Limited
(A division of Music Sales Ltd.)
8/9 Frith Street, London W1V 5TZ

Contents

Cover design by Chloë Alexander
Printed and bound in the United Kingdom by
Caligraving Limited, Thetford, Norfolk.

Order No. CH61527 ISBN 0-7119-7682-1

Alle meine Entchen

Entchen means *ducks*
Köpfchen means *heads*
Schwänzchen means *tails*

Alle meine Entchen
schwimmen auf dem See,
schwimmen auf dem See,
Köpfchen in das Wasser,
Schwänzchen in die Höh.

Komm, lieber Mai

1. Komm, lieber Mai und mache,
die Bäume wieder grün,
und laß uns an dem Bache
die kleinen Veilchen blühn!
Wie möchten wir so gerne
ein Blümchen wieder sehn,
ach lieber Mai, wie gerne
einmal spazieren gehn!

2. Zwar Wintertage haben
wohl auch der Freuden viel!
Man kann im Schnee eins traben
und treibt manch Abendspiel,
baut Häuserchen von Karten,
spielt Blindekuh und Pfand;
auch gibt's wohl Schlittenfahrten
aufs liebe, freie Land.

Bäume means *tree*
Blümchen means *flower*
Vöglein means *birds*

3. Doch wenn die Vöglein singen
und wir dann froh und flink
auf grünem Rasen springen,
das ist ein ander Ding!
Drum komm und bring vor allem
uns viele Veilchen mit,
bring auch viel Nachtigallen
und schöne Kuckucks mit!

Suse, liebe Suse

Suse, liebe Suse, was raschelt im Stroh?
Die Gänslein gehen barfuß und haben kein' Schuh.
Der Schuster hat Leder, kein' Leisten dazu,
drum kann er den Gänslein auch machen kein' Schuh!

Gänslein means *geese*
Schuster means *cobbler*

Kuckuck, Kuckuck

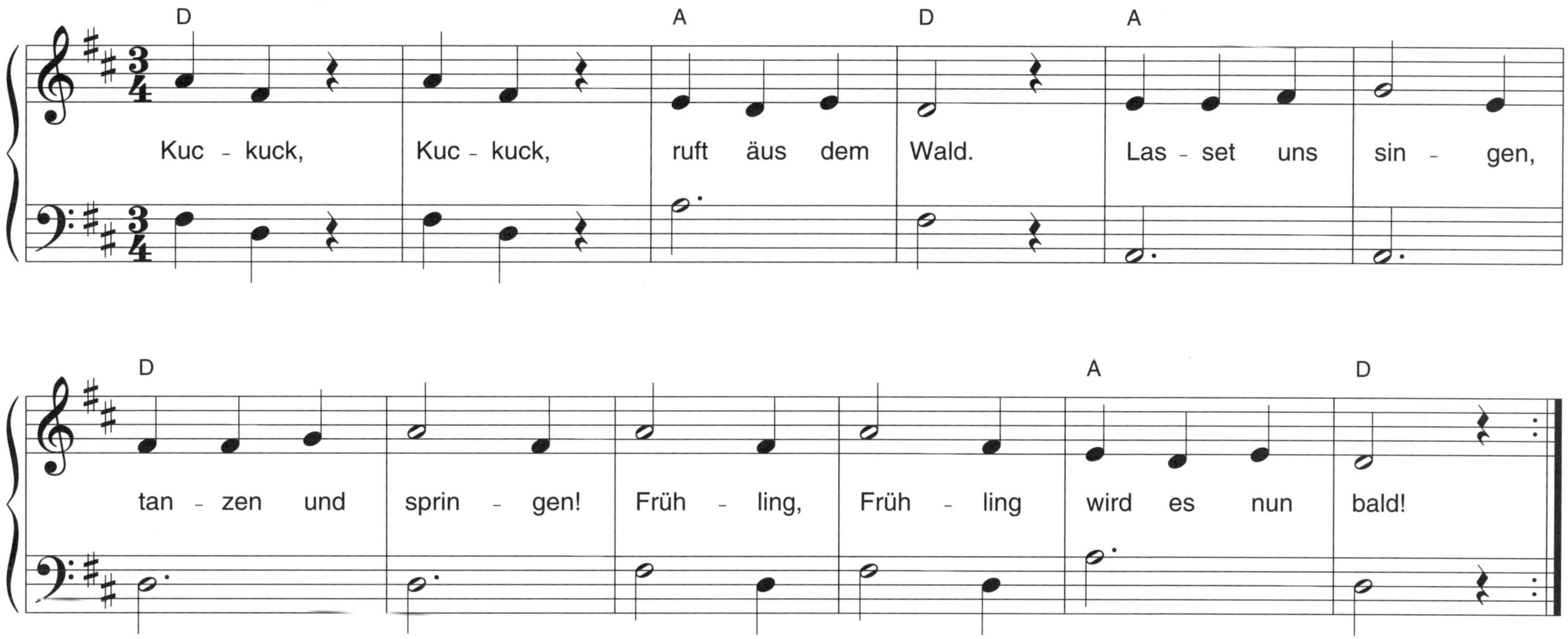

The tune imitates the sound of a cuckoo.

Kuckuck means *cuckoo*
Frühling means *spring*

1. Kuckuck, Kuckuck,
ruft aus dem Wald.
Lasset uns singen,
tanzen und springen!
Frühling, Frühling,
wird es nun bald!

2. Kuckuck, Kuckuck,
läßt nicht sein Schrei'n:
Komm in die Felder,
Wiesen und Wälder!
Frühling, Frühling,
stelle dich ein!

3. Kuckuck, Kuckuck,
trefflicher Held!
Was du gesungen,
ist dir gelungen:
Winter, Winter
räumet das Feld.

Ein Männlein steht im Walde

Männlein means *little man*
Mäntelein means *little coat*
Käppelein means *little cap*

1. Ein Männlein steht im Walde ganz still und stumm,
es hat von lauter Purpur ein Mäntlein um.
Sagt, wer mag das Männlein sein,
das da steht im Wald allein
mit dem purpurroten Mäntelein?

2. Das Männlein steht im Walde auf einem Bein
und hat auf seinem Haupte ein Käppelein.
Sagt, wer mag das Männlein sein,
das da steht im Wald allein
mit dem kleinen roten Käppelein?

Guten Abend, gut' Nacht!

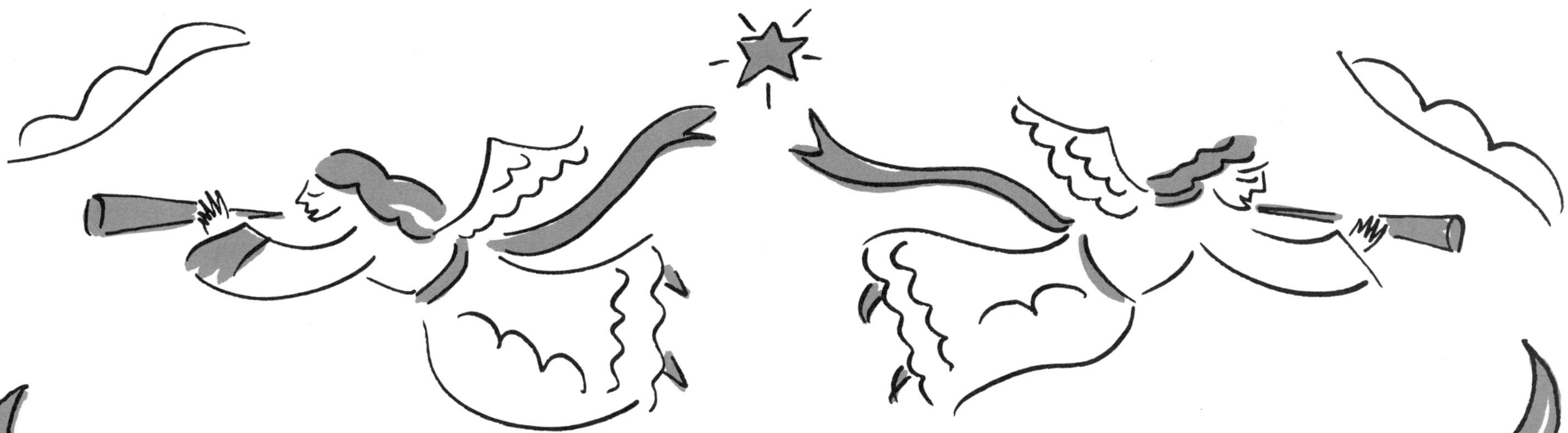

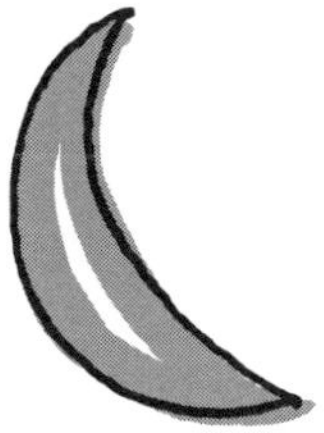

1. Guten Abend, gut' Nacht!
Mit Rosen bedacht,
mit Näglein besteckt,
schlupf unter die Deck'!
Morgen früh, wenn Gott will,
wirst du wieder geweckt,
Morgen früh, wenn Gott will,
wirst du wieder geweckt.

2. Guten Abend, gut' Nacht!
Von Englein bewacht,
die zeigen im Traum
dir Christkindleins Baum.
Schlaf nun selig und süß,
schau im Traum's Paradies,
Schlaf nun selig und süß,
schau im Traum's Paradies.

Morgen means *morning*
Gott means *God*

Englein means *angels*
Traum's Paradies means *sweet dreams*

Summ, summ, summ!

1. Summ, summ, summ!
Bienchen, summ herum!
Ei, wir tun dir nichts zuleide,
flieg nur aus in Wald und Heide!
Summ, summ, summ!
Bienchen, summ herum!

2. Summ, summ, summ!
Bienchen, summ herum!
Such in Blumen, such in Blümchen,
dir ein Tröpfchen, dir ein Krümchen.
Summ, summ, summ!
Bienchen, summ herum!

Summ means *buzz*
Bienchen means *bees*
herum means *about*

3. Summ, summ, summ!
Bienchen, summ herum!
Kehre heim mit reicher Habe,
bau uns manche volle Wabe!
Summ, summ, summ!
Bienchen, summ herum!

4. Summ, summ, summ!
Bienchen, summ herum!
Wollen bei den Christgeschenken
freudig deiner auch gedenken.
Summ, summ, summ!
Bienchen, summ herum!

5. Summ, summ, summ!
Bienchen, summ herum!
Mit dem Wachsstock dann wir suchen
Pfeffernüss' und Honigkuchen.
Summ, summ, summ!
Bienchen, summ herum!

In einen Harung jung und schlank

1. In einen Harung jung und schlank,
zwo, drei, vier sstata, tiralala,
der auf dem Meeresgrunde schwamm,
zwo, drei, vier sstata, tiralala,
verliebte sich, o Wunder,
'ne olle Flunder, 'ne olle FLunder,
verliebte sich, o Wunder,
'ne olle Flunder.

zwo means *two*
drei means *three*
vier means *four*

2. Der Harung sprach: "Du bist verrückt,
zwo, drei, vier sstata, tiralala,
du bist mir viel zu plattgedrückt,
zwo, drei, vier sstata, tiralala!
Rutsch mir den Buckel runter,
du olle Flunder, du olle Flunder!
Rutsch mir den Buckel runter,
du olle Flunder!"

3. Da stieß die Flunder in den Grund,
zwo, drei, vier sstata, tiralala,
wo sie'nen goldnen Rubel fund,
zwo, drei, vier sstata, tiralala,
ein Goldstück von zehn Rubel,
o Jubel, o Jubel!
ein Goldstück von zehn Rubel,
o Jubel!

4. Da war die olle Schrulle reich,
zwo, drei, vier sstata, tiralala,
da nahm der Harung sie sogleich,
zwo, drei, vier sstata, tiralala,
denn so ein oller Harung,
der hat Erfahrung, der hat Erfahrung.
denn so ein oller Harung,
der hat Erfahrung.

5. Und die Moral von der Geschicht:
zwo, drei, vier sstata, tiralala,
Verlieb dich in einen Harung nicht,
zwo, drei, vier sstata, tiralala,
denn so ein oller Harung,
der hat Erfahrung, der hat Erfahrung.
denn so ein oller Harung,
der hat Erfahrung.

Hopp, hopp, hopp!

Pferdchen means *horse*
Stock means *stick*
Steine means *stone*
Beine means *leg*

Zähme means *tame*
zuliebe means *to please*
Diener means *servant*
Mutter means *mother*

1. Hopp, hopp, hopp!
Pferdchen, lauf Galopp!
Über Stock und über Steine,
aber brich dir nicht die Beine!
Hopp, hopp, hopp, hopp, hopp!
Pferdchen, lauf Galopp!

2. Tip, tip, tap!
Wirf mich nur nicht ab!
Zähme deine wilden Triebe,
Pferdchen, tu es mir zuliebe;
Tip, tip, tip, tip, tap!
Wirf mich nur nicht ab!

3. Brr, brr, he!
Steh doch, Pferdchen, steh!
Sollst schon heute weiterspringen,
will dir nur erst Futter bringen.
Brr, brr, brr, brr, he!
Steh doch, Pferdchen, steh!

4. Ha, ha, ha!
Hei, nun sind wir da!
Diener, Diener, liebe Mutter,
findet auch mein Pferdchen Futter?
Ha, ha, ha, ha, ha!
Hei, nun sind wir da!

Das Wandern ist des Müllers Lust

1. Das Wandern is des Müllers Lust,
das Wandern ist des Müllers Lust, das Wandern.
Das muß ein schlechter Müller sein,
dem niemals fiel das Wandern ein,
das Wandern, das Wandern, das Wandern,
das Wandern, das Wandern.

2. Vom Wasser haben wir's gelernt,
vom Wasser haben wir's gelernt, vom Wasser.
Das hat nicht Ruh' bei Tag und Nacht,
ist stets auf Wanderschaft bedacht,
das Wasser, das Wasser, das Wasser,
das Wasser, das Wasser.

3. Das sehn wir auch den Rädern ab,
Das sehn wir auch den Rädern ab, den Rädern.
Die gar nicht gerne stille stehn
und sich am Tag nicht müde drehn,
die Räder, die Räder, die Räder,
die Räder, die Räder.

4. Die Steine selbst, so schwer sie sind,
die Steine selbst, so schwer sie sind, die Steine.
Sie tanzen mit den muntern Reih'n
und wollen gar noch schneller sein,
die Steine, die Steine, die Steine,
die Steine, die Steine.

Wandern means *rambler*
Müller means *miller*
Lust means *desire*

5. O Wandern, Wandern, meine Lust,
o Wandern, Wandern, meine Lust, o Wandern!
Herr Meister und Frau Meisterin,
laßt mich in Frieden weiter ziehn,
und wandern, und wandern, und wandern,
und wandern, und wandern!

Es tanzt ein Bi-Ba-Butzemann

tanzt means *dance*
Haus means *house*

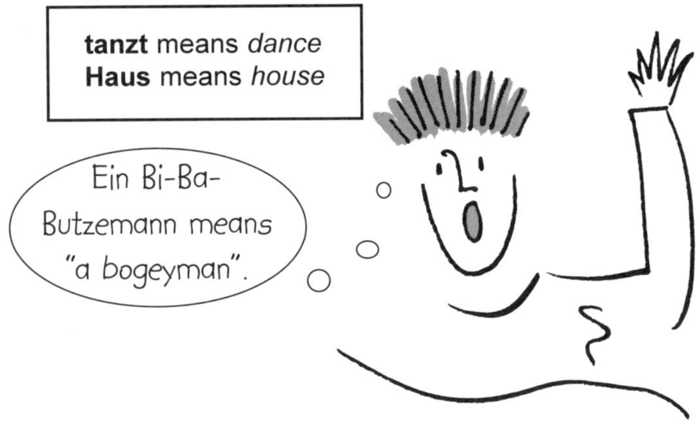

Es tanzt ein Bi-Ba-Butzemann
in unserm Haus herum, dideldum.
Es tanzt ein Bi-Ba-Butzemann
in unserm Haus herum.
Er rüttelt sich und schüttelt sich,
er wirft sein Säcklein hinter sich.
Es tanzt ein Bi-Ba-Butzemann
in unserm Haus herum.

Kommt ein Vogel geflogen

1. Kommt ein Vogel geflogen,
setzt sich nieder auf mein' Fuß,
hat ein Zettel im Schnabel,
von der Mutter einen Gruß.

2. Lieber, Vogel, fliege weiter,
nimm ein' Gruß mit, einen Kuß,
denn ich kann dich nicht begleiten,
weil ich hierbleiben muß.

Zettel means *piece of paper*
Schnabel means *beak*

Hänschen klein

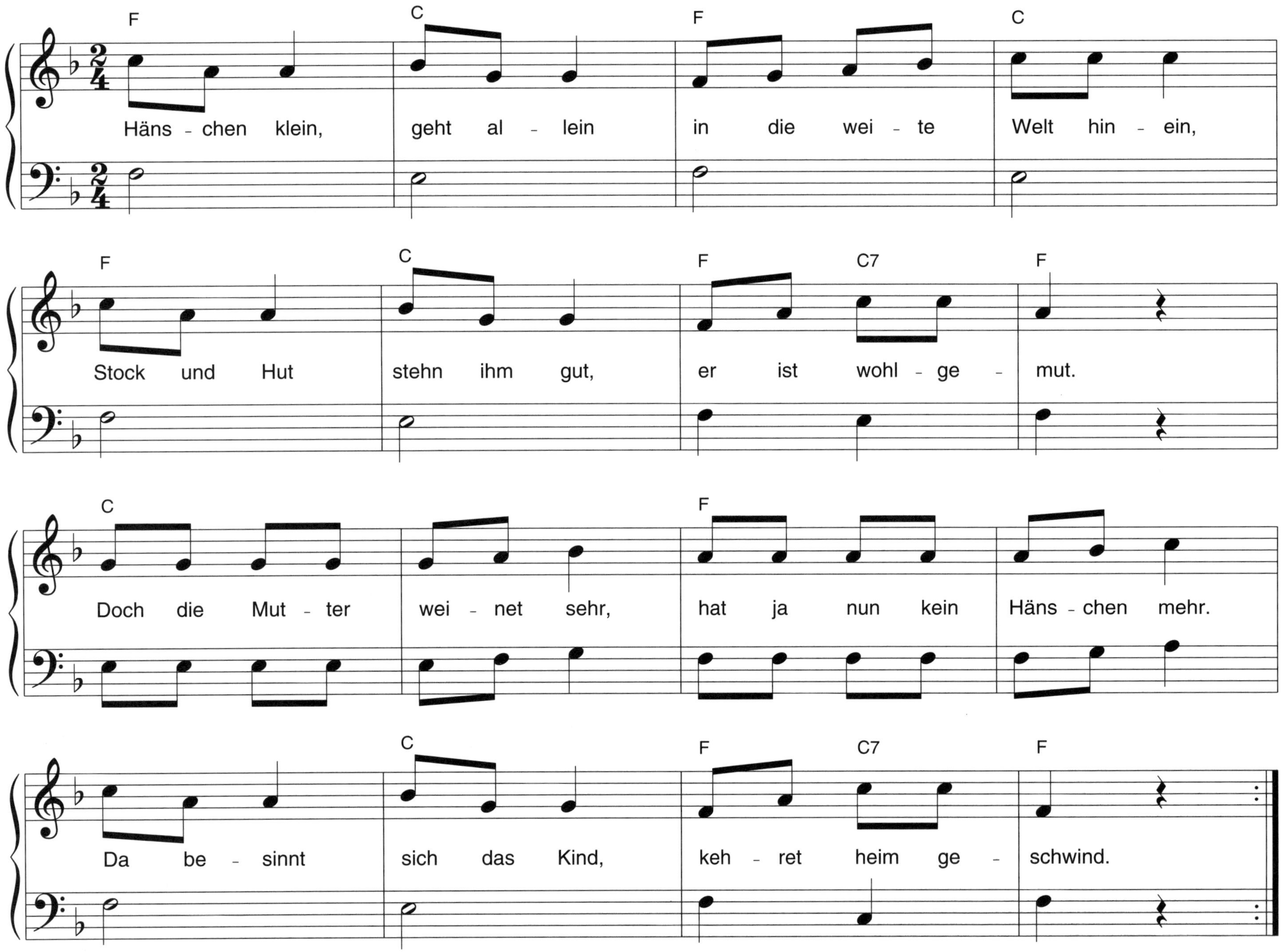

klein means *little*
allein means *alone*
Welt means *world*
mehr means *more*

1. Hänschen klein, geht allein
in die weite Welt hinein,
Stock und Hut stehn ihm gut,
er ist wohlgemut.
Doch die Mutter weinet sehr,
hat ja nun kein Hänschen mehr.
Da besinnt sich das Kind,
kehret heim geschwind.

2. "Lieb Mama, ich bin da,
ich, dein Hänschen, hopsassa!
Glaube mir, ich bleib' hier,
geh' nicht mehr von dir!"
Da freut sich die Mutter sehr
und das Hänschen noch viel mehr,
denn es ist, wie ihr wißt,
gar so schön bei ihr.

Häslein in der Grube

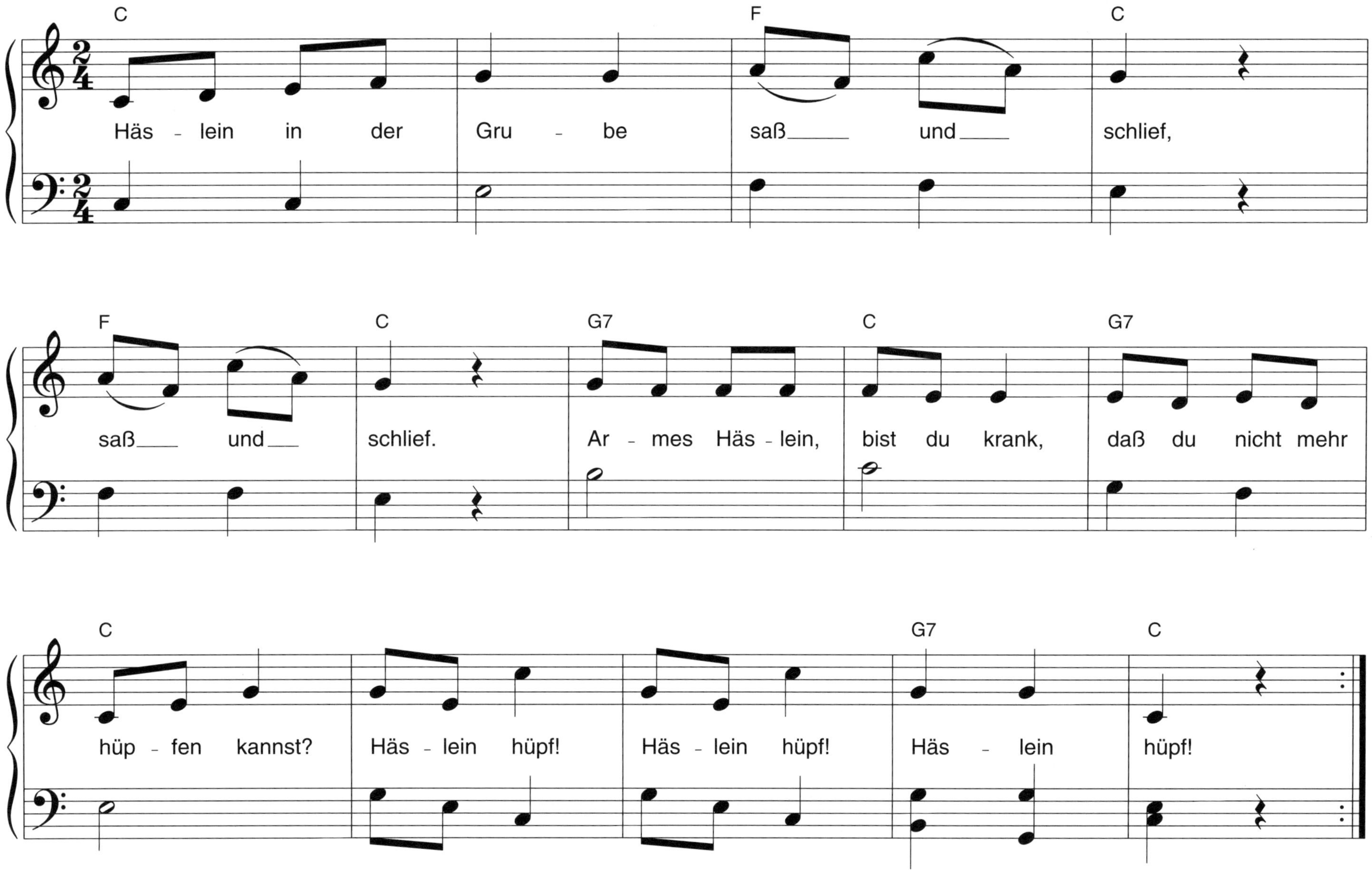

1. Häslein in der Grube saß und schlief,
saß und schlief.
Armes Häslein, bist du krank,
daß du nicht mehr hüpfen kannst?
Häslein hüpf! Häslein hüpf!

2. Häslein in der Grube nickt und weint,
nickt und weint.
Doktor, komm geschwind herbei
und verschreib ihm Arzenei
Häslein schluck! Häslein schluck!

Haslein means *little hare*
Grube means *pit*
hüpf means *hop*
schluck means *swallow*

3. Häslein in der Grube hüpft und springt,
hüpft und springt.
Häslein bist du schon kuriert?
Hui, das rennt und galoppiert!
Häslein hopp! Häslein hopp!

4. Häslein hintern Bäumen nickt und lacht,
nickt und lacht.
Liebes Häslein, nicht so schnell,
nimm mich mit zum frischen Quell,
Häslein hüpf! Häslein hüpf!

Backe, backe Kuchen

Eier means *eggs*
Schmalz means *lard*
Salz means *salt*
Milch means *milk*
Mehl means *flour*

Bakke, bakke Kuchen,
der Bäkker hat gerufen!
Wer will guten Kuchen backen,
der muß haben sieben Sachen:
Eier und Schmalz,
Butter und Salz,
Milch und Mehl,
Safran macht den Kuchen gehl.
Schieb schieb in' Ofen 'nein.

Der Mond ist aufgegangen

Der Mond means *the moon*
Sternlein means *stars*
Nebel means *mist*
Dämmrung means *twilight*

1. Der Mond ist aufgegangen,
die goldnen Sternlein prangen
am Himmel hell und klar,
der Wald steht schwarz und schweiget,
und aus den Wiesen steiget
der weiße Nebel wunderbar.

2. Wie ist die Welt so stille
und in der Dämmrung Hülle
so traulich und so hold
als eine stille Kammer,
wo ihr des Tages Jammer
verschlafen und vergessen sollt.

3. Seht ihr den Mond dort stehen?
Er ist nur halb zu sehen
und ist doch rund und schön.
So sind wohl manche Sachen,
die wir getrost belachen,
weil unsre Augen sie nicht sehn.

Alle Vögel sind schon da

1. Alle Vögel sind schon da,
alle Vögel alle!
Welch ein Singen, Musiziern,
Pfeifen, Zwitschern, Tiriliern!
Frühling will nun einmarschiern,
kommt mit Sang und Schalle!

2. Wie sie alle lustig sind,
flink und froh sich regen!
Amsel, Drossel, Fink und Star
und die ganze Vogelschar
wünschen dir ein frohes Jahr,
lauter Heil und Segen.

3. Was sie uns verkünden nun,
nehmen wir zu Herzen:
Wir auch wollen lustig sein,
lustig wie die Vögelein,
hier und dort, feldaus, feldein,
singen, springen, scherzen.

Vögel means *bird*
lustig means *funny*

Hoppe, hoppe, Reiter

1. Hoppe, hoppe, Reiter,
wenn er fällt, dann schreit er!
Fällt er in den Graben,
fressen ihn die Raben.
Fällt er in den Sumpf,
macht der Reiter plumps!

2. Hoppe, hoppe, Reiter,
wenn er fällt, dann schreit er!
Fällt er auf die Steine,
tun ihm weh die Beine.
Fällt er in den Sumpf,
macht der Reiter plumps!

Reiter means *rider*
fällt means *fell*

3. Hoppe, hoppe, Reiter,
wenn er fällt, dann schreit er!
Fällt er in die Hecken,
fressen ihn die Schnecken.
Fällt er in den Sumpf,
macht der Reiter plumps!

Im Märzen der Bauer

Märzen means *March*
der Bauer means *the farmer*

1. Im Märzen der Bauer die Rößlein ein-spannt,
er setzt seine Felder und Wiesen instand,
er pflüget den Boden, er egget und sät
und rührt seine Hände frühmorgens und spät.

Lied means *song*
Arbeit means *work*

2. Die Bäurin, die Mägde, sie dürfen nicht ruhn:
sie haben im Haus und im Garten zu tun,
sie graben und rechen und singen ein Lied,
sie freun sich, wenn alles schön grünet und blüht.

3. So geht unter Arbeit das Frühjahr vorbei,
da erntet der Bauer das duftende Heu,
er mäht das Getreide, dann drischt er es aus;
im Winter, da gibt es manch fröhlichen Schmaus.

Jetzt fängt das schöne Frühjahr an

1. Jetzt fängt das schöne Frühjahr an,
und alles fängt zu blühen an
auf grüner Heid und überall.

2. Es blühen Blümlein auf dem Feld,
sie blühen weiß, blau, rot und gelb,
es gibt nichts Schöners auf der Welt.

3. Jetzt geh ich über Berg und Tal,
da hört man schon die Nachtigall
auf grüner Heid und überall.

jetzt means *now*
schöne means *beautiful*

Taler, Taler, du mußt wandern

Taler, Taler, du mußt wandern
von der einen Hand zur andern,
das ist schön, das ist schön,
Taler, laß' dich nur nicht sehn.

Taler means *valleys*
andern means *to change*

Weißt du, wieviel Sternlein stehen?

1. Weißt du, wieviel Sternlein stehen
an dem blauen Himmelszelt?
Weißt du, wieviel Wolken gehen
weithin über alle Welt?
Gott der Herr hat sie gezählet,
daß ihm auch nicht eines fehlet
an der ganzen großen Zahl,
an der ganzen großen Zahl.

2. Weißt du, wieviel Mücklein spielen
in der hellen Sonnenglut?
Wieviel Fischlein sich auch kühlen
in der klaren Wasserflut?
Gott der Herr rief sie beim Namen
daß sie all' ins Leben kamen
daß sie nun so fröhlich sind,
daß sie nun so fröhlich sind.

Wolken means *clouds*
Mücklein means *insects*
Fischlein means *fish*
Kindlein means *children*

3. Weißt du, wieviel Kindlein frühe
stehn aus ihren Bettchen auf,
daß sie ohne Sorg' und Mühe
fröhlich sind im Tageslauf?
Gott im Himmel hat an allen
seine Lust, sein Wohlgefallen,
kennt auch dich und hat dich lieb,
kennt auch dich und hat dich lieb.

Fuchs, du hast die Gans gestohlen

1. Fuchs, du hast die Gans gestohlen,
gib sie wieder her,
gib sie wieder her,
sonst wird dich der Jäger holen
mit dem Schießgewehr,
sonst wird dich der Jäger holen
mit dem Schießgewehr.

2. Seine große, lange Flinte
schießt auf dich den Schrot,
schießt auf dich den Schrot,
daß dich färbt die rote Tinte,
und dann bist du tot,
daß dich färbt die rote Tinte,
und dann bist du tot.

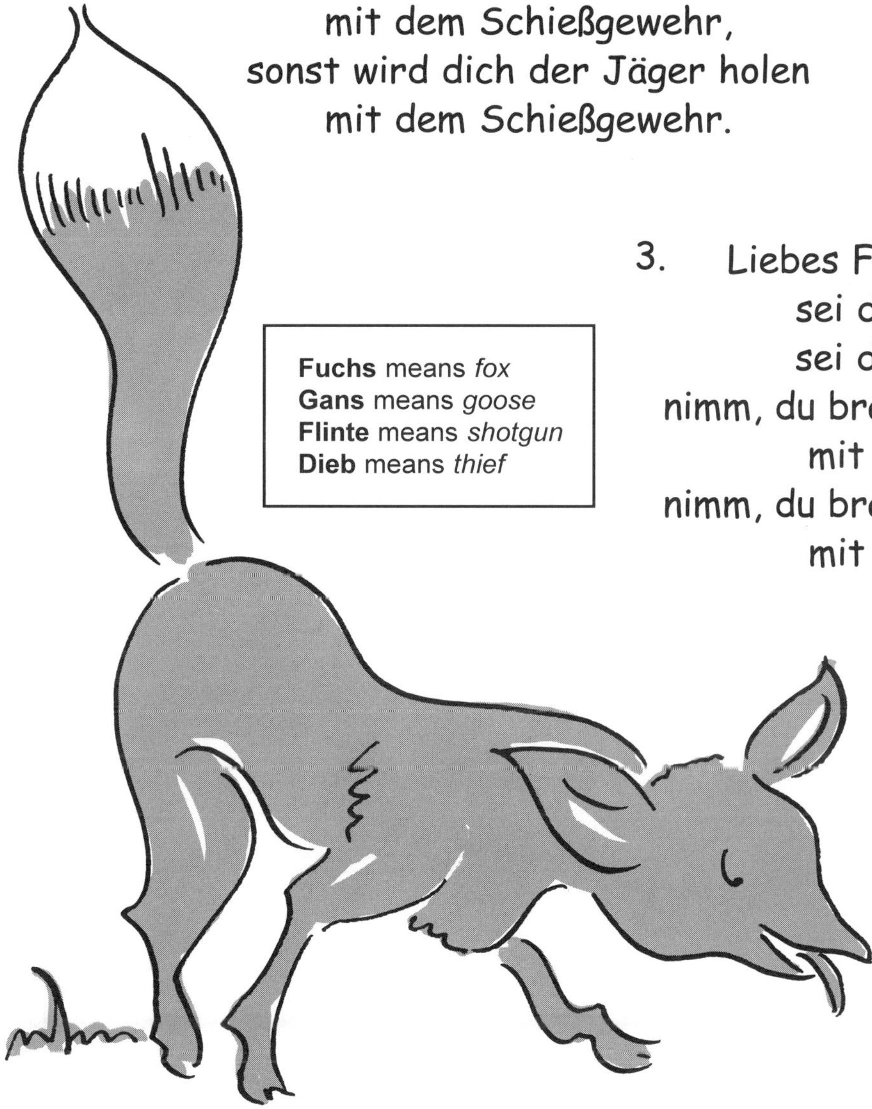

Fuchs means *fox*
Gans means *goose*
Flinte means *shotgun*
Dieb means *thief*

3. Liebes Füchslein, laß dir raten,
sei doch nur kein Dieb,
sei doch nur kein Dieb;
nimm, du brauchst nicht Gänsebraten,
mit der Maus vorlieb,
nimm, du brauchst nicht Gänsebraten,
mit der Maus vorlieb.

Bunt sind schon die Wälder

1. Bunt sind schon die Wälder,
gelb die Stoppelfelder,
und der Herbst beginnt.
Rote Blätter fallen,
graue Nebel wallen,
kühler weht der Wind.

2. Wie die volle Traube
aus dem Rebenlaube
purpurfarbig strahlt!
Am Geländer reifen
Pfirsiche mit Streifen
rot und weiß bemalt.

Walder means *woods*
Pfirsiche means *peaches*
Mädchen means *girl*
Flöte means *flute*

3. Flinke Träger springen,
und die Mädchen singen,
alles jubelt froh!
Bunte Bänder schweben
zwischen hohen Reben
auf dem Hut von Stroh.

4. Geige tönt und Flöte
bei der Abendröte
und im Mondesglanz;
junge Winzerinnen
winken und beginnen
frohen Erntetanz.

Bunt sind schon die Wälder is about harvest and the celebrations that take place.

Der Kuckuck und der Esel

1. Der Kuckuck und der Esel,
die hatten großen Streit,
wer wohl am besten sänge,
wer wohl am besten sänge,
zur schönen Maienzeit,
zur schönen Maienzeit.

Streit means *argument*
großen means *big*
sänge means *singer*

2. Der Kuckuck sprach:"Das kann ich!"
und hub gleich an zu schrei'n.
"Ich aber kann es besser,
ich aber kann es besser",
fiel gleich der Esel ein,
fiel gleich der Esel ein.

3. Das klang so schön und lieblich;
so schön von fern und nah,
sie sangen alle beide,
sie sangen alle beide.
"Kuckuck, Kuckuck! I-a!
Kuckuck, Kuckuck! I-a!"

Es klappert die Mühle am rauschenden Bach

Mühle means *mill*
Bach means *stream*

1. Es klappert die Mühle am rauschenden Bach: klipp, klapp.
Bei Tag und bei Nacht ist der Müller stets wach, klipp, klapp.
Er mahlet uns Korn zu dem kräftigen Brot,
und haben wir dieses, dann hat's keine Not.
Klipp, klapp - klipp, klapp - klipp, klapp.

Tag means *day*
Nacht means *night*

2. Flink laufen die Räder und drehen den Stein, klipp, klapp,
und mahlen den Weizen zu Mehl uns so fein! Klipp, klapp.
Der Müller, der füllt uns den schweren Sack,
der Bäcker das Brot und den Kuchen uns backt.
Klipp, klapp - klipp, klapp - klipp, klapp.

This song is about a watermill. Klipp, klapp is the sound the wheel makes as it goes round and round.

3. Wenn goldene Körner das Ackerfeld trägt, klipp, klapp,
die Mühle dann flink ihre Räder bewegt, klipp, klapp.
Und schenkt uns der Himmel nur immer das Brot,
so sind wir geborgen und leiden nicht Not.
Klipp, klapp - klipp, klapp - klipp, klapp.

Schlaf, Kindlein, schlaf!

1. Schlaf, Kindlein, schlaf!
Der Vater hüt' die Schaf,
die Mutter schüttelt's Bäumelein,
da fällt herab ein Träumelein.
Schlaf, Kindlein, schlaf!

2. Schlaf, Kindlein, schlaf!
Am Himmel ziehn die Schaf,
die Sternlein sind die Lämmerlein,
der Mond, der ist das Schäferlein.
Schlaf, Kindlein, schlaf!

schlaf means *sleep*
Schaf means *sheep*

Vater means *father*
Mutter means *mother*

7/07(62881)